Jörg Zink

Vertrauen in der Dunkelheit

Kreuz Verlag

Wie kann Gott das zulassen? –

Ich höre noch die leidenschaftliche Frage der alten Dame,
mit der zusammen ich die Fernsehnachrichten sah,
die Bilder von verstümmelten und verstörten Menschen
aus dem jugoslawischen Bürgerkrieg.

Als ich danach auf die Straße ging,
begegnete mir eine Frau, deren achtjähriger Sohn
eine kleine Besorgung machen sollte.
Wenige Meter von ihrem Haus erfaßte ihn ein Lastzug,
und er war sofort tot.
Die Frage bohrte in der Mutter. Warum? Warum?

Ein paar Tage später
rief mich ein Mann an, dessen Tochter,
behütetes Kind ihrer Eltern, sechzehnjährig,
plötzlich in eine Szene geriet,
in der Rauschgift, Diebstahl, Raub, Prostitution
und alle Formen sonstiger Kriminalität herrschen.
Sie will nicht zurück zu ihren Eltern.
»Wie kann so etwas geschehen?
Wir haben es doch an nichts fehlen lassen?«

Vor tausend Jahren malte ein Mönch
in einem Kloster bei Paris ein Bild,
auf dem einer sitzt, gefangen, gefesselt,
und zu Gott hinüber fragt: Bist du eigentlich gerecht?
Wo ist denn in dieser Welt etwas wie Gerechtigkeit?
Die ausgeglichene Waage, die ihm eine Hand zeigt,
kann ihn nicht überzeugen.

Man kann an Gott Fragen richten wie die:
»Wozu soll all das unermeßliche Leid gut sein,
das überall in unserer Welt erlitten wird,
im Verborgenen oder in aller Öffentlichkeit?«

Oder: »Warum trifft es gerade mich?
Was habe ich getan, daß das jetzt auf mich zukommt?«
Oder: »Warum redet Gott nicht, wenn ich ihn anrufe?
Ist er stumm? Ist er taub? Ist er tot?«

Warum werden die Menschen nicht gefragt,
ob sie auf dieser Erde leben wollen?
Und warum dürfen sie sich am Ende
nicht selbst aus dieser Welt verabschieden?
Nein, sie müssen bleiben und aushalten,
und wissen nicht, wozu.

AD PATREM

Exaudi dn̄e iustitiam meam
intende dep̄cationem meam
Auribus percipe orationē meā
non in labiis dolosis

[d]e uultu tuo iudicium meum p̄deat
[o]culi tui uideant aequitates
probasti cor meum uisitasti nocte

Manchmal, wenn ich auf einer Reise abends
in der Bahn an Dörfern vorbeifahre,
die friedlich in einem Tal liegen
oder an den Berghängen sich hinziehen,
stelle ich mir vor, was unter den Dächern
sich wohl abspielen könnte.
Ich habe in einem langen Leben viele Schicksale gesehen
und denke mir, dieses und jenes könne wohl
auch unter diesem und jenem Dach geschehen.

Unter diesem Dach: das ruhige Gleichmaß
täglicher Arbeit und täglicher Müdigkeit.
Unter jenem: das leidenschaftliche Glück eines jungen Paare
Unter diesem: Einsamkeit durch lange Tage und Nächte.
Unter jenem: Krankheit und treue Hingabe
des einen für den anderen.
Hier: Haß und List, Angst und Bosheit.
Dort: langsames Hinsterben eines Gelähmten.
Hier: im engen Raum viel stilles Heldentum.
Und dort: Streit zwischen Menschen,
die sich einmal geliebt haben.
Mißbrauch von Frauen. Verlassenheit. Gewalt.

So viele Dächer, so viel Leid. Und ich sage zu Gott:
Schau dir das an!
Verlangst du nicht zu viel von diesen Menschen?

Oder ich fahre durch eine nächtliche Großstadt
und sehe viel Licht und viel Dunkelheit.
Und ich denke an jene Nacht der Seele,
die so viele Menschen bis auf ihren Grund füllt.
Da verengt sich die Welt bis auf ihr kleines Zimmer,
und in ihm verlischt allmählich das Licht.

Sie haben niemanden, der die Dunkelheit teilt.
Es ist keine Kraft da, ihr zu widerstehen.
Es ist kein Mut da gegen die Angst,
kein Wille gegen die Mattigkeit.

Wie sinnlos, solchen Menschen zu sagen:
»Es wird schon wieder. Kopf hoch!«
Und wie ahnungslos ist es!
Wie sinnlos auch, zu sagen: »Gott ist bei dir!
Er liebt dich! Du bist nicht allein!«
Was kann eine Liebe wert sein,
von der nichts zu fühlen ist?

In vielen Menschen ist die Nacht tief.
Und die Fragen, die in die Dunkelheit hineingerufen werden
führen nicht ins Licht.
Es müßte jemand zeigen können, wo Helligkeit ist.
Aber da ist niemand, der es weiß.

Ich bin mit dieser Dunkelheit durchaus vertraut.
Als junger Mensch
konnte ich mich ihrer oft kaum erwehren.

Sie kam von außen. Es war Krieg.
Und tägliches Sterben. Tägliches Unrecht.
Tägliche Qual der Verletzten. Der Verlassenen zu Hause.
Tägliche Lügen. Tägliche Angst davor,
seine wahren Gedanken zu zeigen.
Was sollte das Leben in einer solchen Welt?

Sie kam auch von innen.
Aus meiner eigenen Seele, die nicht wußte,
wofür sie leben sollte.
Damals sagten mir einige Leute:
»Gott liebt alle Menschen, auch dich!«
Aber das half mir nicht.

Ich kam mir vor wie das Haus,
das ich in Alaska einmal sah,
das in den morastigen Grund einsank,
umgeben von dunklen Bergen,
von Wasser und drohenden Wolken.

Wie dunkel muß Gott sein,
wenn in seiner Welt so viel Nacht ist?

Wir leben in einer Zeit, in der man uns erzählt,
jeder habe Anspruch auf Glück,
und nur die Dummen liefen an ihrem Erfolg vorbei.
Wir stehen vor den Schaufenstern,
wie ich einmal in einer amerikanischen Großstadt stand.
Die Schaufenster bieten alles, was das Herz begehrt,
im Glas spiegeln sich die Häuser,
die großartigen, mit ihren spiegelnden Fassaden,
in denen das Geld und die schönen Dinge sind
und das Glück.
Und am Ende wissen wir nicht mehr,
was nun Wirklichkeit sei und was Illusion
und was unheilvoller Irrtum.

Damals, im Krieg,
haben wir näher an den Tatsachen gelebt,
damals, als aus jeder Ecke das Entsetzen kam,
war uns der »liebe Gott«, der Gott der Kinderbücher
und der Wohlstandsillusionen
und der Lebenslügen unendlich fern.

Es wäre gut, wir wendeten uns um
und faßten die Wirklichkeit ins Auge.

Bank of Montr

Ich frage also: Wer hat denn das Leben eingerichtet
so, wie wir es antreffen,
wenn wir in diese Welt kommen? Doch wohl Gott!

Wer hat uns, den kleinen Menschen, ihr Schicksal bestimmt,
aber auch ihre Stärken und Schwächen,
ihr zerklüftetes, widersprüchliches Wesen? Doch wohl Gott!

Wer hat die Tyrannen gemacht, die Gewalttäter,
die Massenmörder, die Lügner und die Verbrecher?
Die kleinen Betrüger, die kleinen Rechthaber?
Hat einer von ihnen sich selbst gemacht?

Woher kommen das Leiden und die Krankheit,
das Entbehren und Versäumen?
Die große Liebe und die kleine Treulosigkeit?
Kommt es nicht alles aus dem tiefen Abgrund,
den wir Gott nennen?

Kommt nicht auch all das – neben dem Großen, dem Schönen,
dem Heiligen – aus dem Schatten, den Gott wirft,
jenem Schatten, der so groß ist wie die Welt,
aus der Dunkelheit, die in Gott ist
und die – neben seinem wunderbaren Licht –
über der Welt liegt?

Hiob hörte seine Freunde sagen:
»Suche die Schuld bei dir selbst!«
Aber ehe wir von Schuld sprechen,
die ein Mensch an seinem Tun trägt
und an seinem Schicksal,
muß es noch einmal erlaubt sein, zu fragen:

Woran kann ein Mensch überhaupt schuld sein?
Nimmt sich nicht jeder von ihnen
in Empfang aus der Hand Gottes so,
wie er dann ist und sein wird?
Nimmt er nicht auch seine Liebeskraft
von Gott in Empfang
und zugleich ihre Grenzen?
Seinen Glauben, seine Redlichkeit und ihre Grenzen?

Keiner von uns war beteiligt,
als ihm sein Leben, sein Schicksal,
sein Wesen zugesprochen wurden.
Erleiden wir nicht alle ein Leben,
das uns ein anderer zugemutet hat,
und werden wir nicht alle an Taten schuldig,
die wir nicht selbst verantworten?
Ehe wir von Verantwortung sprechen,
muß es erlaubt sein, dies zu fragen.

Hiob schrie damals in die Dunkelheit hinein:
»Warum gibt Gott das Licht den Bekümmerten
und das Leben den betrübten Herzen?
Sie suchen nach dem Tod, aber der kommt nicht.
Warum gibt Gott das Leben dem Menschen,
der seinen Weg nicht versteht
und dem Gott doch den Weg ringsum verbaut?«

Hiob 3, 20–23

Und er fährt fort:

»Unschuldig bin ich! Ja, ich verachte mein Leben.
Ich werfe es weg. Fremd bin ich mir selbst.
Alles ist einerlei, auch wenn ich sage:
Unschuldige – Schuldige – er bringt sie um.
Wenn seine Geißel plötzlich zuschlägt,
so lacht er der Angst des Unschuldigen.
Er gab die Erde den Gewalttätigen preis.
Er ist es, der den Richter blind macht für das Recht.
Wenn er es nicht ist, wer ist es sonst?« *Hiob 9, 21–24*

Wir könnten Hiob auch entgegnen:
»Nimm den Mund nicht so voll.«
Aber hören wir ihn ruhig an.

Wer ist es sonst?
Wir können natürlich eine Antwort suchen,
die Gott entlastet:
Wir trennen die Welt einfach auf
in einen Machtbereich für Gott und einen für den Satan.
Dann käme alles Böse vom Teufel
oder wie wir die dunkle Gegenmacht nennen wollen,
alles Gute von Gott.

Aber in der Bibel sagt Gott einmal:
»Ich bin Gott, und sonst keiner.
Ich mache das Licht, und ich schaffe ebenso die Finsternis.
Ich bringe das Heil, und ich verhänge das Unheil.
Ich bin der Urheber von allem, was geschieht.« *Jesaja 45, 5.7*

Das heißt doch: Alles kommt von Gott,
auch was uns sinnlos scheint,
auch das, was wir böse nennen oder zerstörerisch.
Gott hat eine verschwenderische Fülle von Leben geschaffen,
und sie drückt sich auch und gerade darin aus,
daß neues Leben immer nur
aus dem Tod seiner Geschöpfe kommt.

Gott will bestimmte Dinge.
Andere läßt er zu. Der Unterschied ist wichtig.

Wer ist denn das, den wir den »Teufel« nennen?
In der Bibel jedenfalls ist er nie
eine selbständige Größe.
Er ist ein Handlanger Gottes.
Er ist sozusagen der Vertreter der Anklage
gegen den Menschen.
»Satan« heißt auf deutsch: »Staatsanwalt«.
Der Satan ist in der Bibel der Ankläger
vor dem großen Gerichtshof Gottes,
vor dem wir Menschen als Angeklagte stehen.

Was er also tut, tut er mit Erlaubnis Gottes
oder auf sein Geheiß hin.
Wer das nicht glaubt,
lese die ersten Abschnitte des Buches Hiob.

Und wenn mich jemand fragt:
»Wie kann Gott das alles zulassen?«
Dann ist diese Frage richtig und notwendig.
In der Tat: Gott läßt alles zu, was geschieht.
Und letzten Endes geschieht nichts,
auch nicht durch Menschen,
abseits dessen, was Gott will oder zuläßt.

Damit sage ich nicht,
wir Menschen seien unschuldig an dem, was wir tun.
Aber ich sage, die Welt sei so zerklüftet
wie die unbeschreiblich tote Landschaft am Colorado,
über der ich einmal mit einem Flugzeug kreiste,
und diese Zerklüftung gehe nicht nur durch unsere Welt,
sondern auch durch uns selbst und – offenbar –
auch durch Gott.

Im Grunde ist das Dasein auf dieser Erde
– so denke ich manchmal –
zu schwer für ein so hinfälliges Wesen wie den Menschen.
Wir leben alle über Abgründen,
und es gehört ein erstaunliches Vertrauen dazu,
anzunehmen, sie würden uns nicht verschlingen.

Ich denke auch manchmal:
Wer nicht mit Gott hadert,
könnte eben auch nur einen zu harmlosen Gott haben.
Wer hadern will, soll es tun.
Gott hält das aus.

Gerade sensible und nachdenkliche Menschen
geraten leicht an die Grenze,
an der die Schwermut beginnt.
Aber dort erkennen sie klarer, was in ihnen selbst ist,
und es finden Auseinandersetzungen in ihnen statt,
die andere sich ersparen,
wenn sie allzu einfach von der Liebe Gottes reden.

Sie stehen im Kampf für und gegen den Gott,
den sie erfahren haben. Sie ringen mit ihm,
dem Unbegreiflichen, dem Schattenhaften, dem Gefährlichen,
dem Gott mit dem dunklen Gesicht.

Und was sie suchen, ist nicht,
was man landläufig »Therapie« nennt,
sondern der Durchstieg durch jene Zone der Dunkelheit
in die Zone, in der etwas wie »Erlösung«,
wie »Befreiung« geschieht.
Dorthin, wo sich das Gesicht Gottes aufhellt.
Wo es sozusagen das Gesicht jenes Jesus Christus annimmt,
und wo es so vertrauenswürdig wird,
wie es für Jesus gewesen ist, als er sagte:
»Ihr sollt zu Gott sagen: Unser Vater im Himmel.«
Könnte man so sprechen, im Ernst, meine ich,
es hätte sich um viel Dunkelheit gelohnt.

Ich bin auch überzeugt,
daß viele große Heilige der Geschichte
in unseren Augen seelisch krank gewesen wären.
Denn was wir seelische Krankheit nennen,
ist oft nur ein Zeichen für die Verletzlichkeit,
mit der einer dem Leben ausgesetzt ist.
Ein Zeichen dafür, daß er für Angst und Trauer offen ist,
auch für Angst und Trauer anderer Menschen.

So sind die großen Liebenden oft abgestiegen
in die Dunkelheiten der Leidenden,
weil ihnen die Dunkelheit vertraut war.
So wurden sie zu Kranken an der Seite der Kranken,
zu Schwachen an der Seite der Schwachen,
zu Bedrängten in der gemeinsamen Gefahr
mit den Bedrängten.
Sie wurden zu Überwindern an der Seite derer,
denen die Kraft, zu überwinden, fehlte,
zu Liebenden,
die in die Verlassenheit der Ungeliebten gingen.

Und sie wurden zu Zeichen und Hinweisen
auf die Liebe,
mit der Jesus Christus den Ungeliebten nahe war.

Einer, der wußte, wovon er redete,
wenn er von dem verborgenen, rätselhaften Gott sprach
Martin Luther, sagt dazu:

Gott hat zwei Gesichter.
Das einer abgründigen Rätselhaftigkeit,
unter der du nur leiden kannst,
und das einer alles überstrahlenden Güte,
die dich frei macht und dir deinen Weg zeigt.
Wenn dich die Dunkelheit Gottes überfällt,
dann flüchte zu dem Gesicht Gottes,
dem du vertrauen kannst
und der das Licht ist.

Für Luther war dieser Gedanke
die erlösende Energie seines Lebens.
Denn dadurch wurde für ihn die Dunkelheit begehbar.

Wenn du aber die Güte Gottes gesehen hast,
dann steige in die Dunkelheit ab, dorthin,
wo unzählig viele Menschen keinen Weg sehen,
und zeige ihnen das Licht, das über ihrem Tal ist.
Hilf ihnen, es zu sehen und sich ihm zuzuwenden,
damit die Dunkelheit sie nicht verschlingt.

Aber woher wußte Luther,
daß er sich dieses Licht nicht einbildete?
Es könnte doch sein, daß er in seiner Verzweiflung
sich selbst einen Gott geschaffen hätte,
der ihn vor dem dunklen Gott rettete?
Wie kam er dazu, von einem freundlichen Gott zu reden?

Er nahm seine Bibel vor und las nach,
was da über jenen Mann aus Nazareth zu lesen war,
über jenen Jesus, den sie den Christus nannten.
»Christus« heißt ja nichts anderes,
als daß dieser Mensch die Vollmacht gehabt habe,
im Namen Gottes zu reden und ihn sozusagen
in der Gestalt eines Menschen darzustellen.

Er sagte also: Dieser Mann hat über Gott mehr gewußt
als ich heute weiß. Ich traue es ihm zu.
Ich will es ihm glauben.
Ich will ihm zuhören, immer dann,
wenn ich mich fürchte
oder wenn mir das dunkle Gesicht Gottes begegnet.
Ich will ihm zusehen, was er getan hat,
wie er gelitten hat und gestorben ist,
und will davon ausgehen, daß das neue Leben,
das er auferstehend gewonnen hat, keine Illusion ist.

Dieser Jesus sah,
wie die Menschen sich durch ihr Leben schleppten,
beladen mit Angst und mit schweren Gedanken,
beladen mit endloser Mühe und Arbeit,
beladen auch mit ihren Anklagen gegen Gott.
Und was am schwersten wog: mit dem,
was danebengegangen war in ihrem Leben
und was auf ihrer Seele als Schuld lastete.

Und da sagte er sein berühmtes Wort:
»Kommt her zu mir, ihr Angestrengten!
Ich will euch eure Last abnehmen.
Ich will euch helfen, sie zu tragen.
Den Weg zum Frieden will ich euch zeigen,
auch zum Frieden mit Gott.
Ihr sollt aufatmen dürfen und frei werden.«

Und das konnte die Menschen deshalb überzeugen,
weil er offenbar das von Gott wußte,
was wir wissen müssen, um glücklich zu sein:
daß Gott uns freundlich sei
mitten in all dem, was uns bedrängt,
und weil die Menschen dabei empfanden:
Er weiß, wovon er redet.
Wir können ihm vertrauen.

Wenn wir Jesus nun nicht nur hören,
sondern ihm zusehen?

Da sehen wir ihn auf einen Menschen zutreten,
der blind ist. Der in der steten Nacht lebt.
Er legt ihm die Hände auf die Augen und sagt:
Du sollst sehen.
Und er gibt ihm die Kraft des Sehens wieder
und deutet damit das, was an unserer Seele geschehen soll.

Er tritt auf einen Gelähmten zu, der daliegt
und sich nicht rühren kann.
Er faßt ihn an der Hand und sagt:
Du sollst gehen können.

Er tritt auf eine Frau zu, die gekrümmt ging,
und er sagt ihr: Richte dich auf!

Und er sagt dazu:
Das sind Zeichen. Das sind Hinweise von Gott,
was mit euch Menschen gemeint ist:
daß ihr nämlich heil sein sollt
und ganz und aufrecht, sehend und hörend.

Und die Menschen konnten ihm glauben,
daß er von dieser Kraft Gottes etwas wußte,
das der geheimnisvollen Wirklichkeit Gottes entsprach.

Und noch eins sagt Jesus: Sieh dich um!
Wichtiger, als alles erklären zu können, ist
zuzufassen, wo es nötig ist.
Sieh dich um! In deiner Nähe sind Menschen,
alte und junge, arme und reiche, gesunde und kranke,
und vielleicht bist du in irgendeinem Fernsehbericht
auch jenen Kindern begegnet,
die in irgendeinem Flüchtlingslager
dieser Erde zugrunde gehen.
Sie brauchen deine Gedanken oder dein Zugreifen.
Tu, was nötig ist, und tu es unauffällig.

Es könnte sein, daß dir eine Antwort zuwächst,
daß sie dir zugesprochen wird, vielleicht nur leise,
und in dir eine Gewißheit entsteht,
die deinen Fragen in aller Stille ihre Dunkelheit nimmt.

Es könnte sein, daß die Liebeskraft,
die dir schon fast verlorengegangen war,
wieder lebendig wird,
nicht nur zu den Menschen hin,
sondern auch zu dir selbst hin,
zu deinem eigenen Leben, und zu dem Gott,
der es dir gegeben hat.

Und noch ein letztes: Als Jesus
einige Frauen und Männer um sich gesammelt hatte,
die bereit waren, seinen Weg zu gehen,
da sagte er, sie sollten hinter ihm her gehen
und dabei ihren eigenen Weg finden.
Dieser Weg aber sei eng wie zwischen Felswänden.

Er sagte: Ich erwarte weder Glück noch Erfolg.
Ich werde einen schrecklichen Tod erleiden.
Die Menschen werden daran schuld sein,
die Machthaber, die Priester,
aber zugleich wird sehr klar sein,
daß dieses Ende mir von Gott zugedacht ist.
Es wird sinnlos sein, die beteiligten Menschen anzuklagen.
Sie werden Werkzeuge des göttlichen Willens sein.
Und wenn das Gottes Wille ist, werde ich ja sagen,
auch zu einem Schicksal,
gegen das sich alles in mir sträubt.

Meine Fragen: »Warum?« oder »Wozu?«
werden nicht beantwortet sein, aber ich kann sie weglegen.
Und ich kann meinen Weg bis an das Ziel gehen,
das Gott mir bestimmt hat.

Neulich ging ich an einem frühen Morgen
durch eine Waldschlucht.
Dichte Wolken bedeckten den Himmel,
und der Weg war kaum zu sehen.
Da plötzlich brachen die Wolken auf,
und vor mir lag die Brücke, die ich gesucht hatte.

Ich weiß nicht, ob, was ich schreibe, irgend jemand nützt.
Aber gehen Sie, die Sie dies lesen,
diesen Bildern nach, diesen Gedanken.
Vielleicht geschieht doch eines Tages ein kleines,
unauffälliges Wunder, das Ihnen hilft,
wieder ein paar Schritte weiterzugehen.
Vielleicht hilft es doch dazu, daß ein wenig Kraft wächst.
Denn daß in Ihnen gar keine Kraft mehr sei,
das glaube ich nicht. Und auch, daß von Gott her
keine Kraft mehr zu erhoffen wäre.

Was wir der Dunkelheit entgegensetzen können,
das ist immer noch die Hoffnung auf jene Helligkeit,
die einen Morgen anzeigt,
zuletzt jene Helligkeit, die am Ostermorgen kam,
als Christus aus dem Tod und aus dem Grab aufstand,
wie wir alle es tun werden.

Und eins, so meine ich, sollten Sie nicht tun:
Sich selbst anklagen.
Das wäre nur die Spiegelung Ihrer Anklage gegen Gott.
Denn manches, was wir Menschen über uns selbst denken,
denken wir insgeheim auch über Gott.
Und was wir über Gott denken,
fällt oft auch als Urteil auf uns selbst zurück.

Da sagt man dann eben so leicht:
Ich kann nicht. Ich will nicht.
Ich bin unfähig, zu glauben, zu verstehen,
unfähig, auf meinen Füßen zu stehen. Ich bin ein Versager.
Wie man auch sagt: Gott ist unfähig.
Er ist nicht da. Er ist blind oder taub.

Lassen Sie darum als erstes die Anklagen gegen sich selbst:
»Das habe ich verdient.« »Das geschieht mir recht.«
»Ich bin selbst schuld.« Nein. Das sind Sie nicht.
Jedenfalls nicht an allem, was Sie erleiden.
Was Sie erleiden, ist nicht Ihre Schuld, sondern Ihr Weg.

Und es kommt alles darauf an,
daß Sie diesen Weg bejahen, auch seine Enge, seine Mühsal,
und dann beginnen,
einen Schritt vor den anderen zu setzen.

Vielleicht fängt dann auch ein sinnvolles Gespräch an,
das zwischen Ihnen und Gott stattfindet.
Sie könnten dann etwa so sprechen:

Gott, wenn du willst, daß ich an dich glaube,
dann gib mir mehr Glauben.
Wenn du willst, daß ich dir vertraue,
dann gib mir mehr Vertrauen.
Wenn du willst, daß ich dich liebe,
dann gib mir mehr von deiner Liebe.
Ich habe das alles nicht.

Ich kann dir nur meine Schwäche geben.
Meine Fragen, meine Ratlosigkeit,
meine Klagen und meine kleine Hoffnung,
daß doch irgendwann etwas von dir zu mir dringt.

Und wenn das der Beginn eines Gebets ist,
in dem Sie Gott alles zu Füßen legen,
was Sie quält, dann, so glaube ich,
haben Sie einen Anfang gemacht.

Dann kann das geschehen,
was die Pfingstgeschichte erzählt:
Die Menschen sitzen in einem verschlossenen Raum,
in Angst und Ratlosigkeit,
und durch die verriegelte Tür
dringt ein Wind ein, ein »starkes Brausen«,
Feuer bricht ein in die Dunkelheit.
Die Angst löst sich.
Die Menschen stehen auf,
stehen auf ihren eigenen Füßen,
Freude, die kaum mehr gekannte,
breitet sich aus.

Die Gedanken fügen sich zusammen
zu einer großen Erkenntnis:
Daß nämlich das Leid überwindbar sei,
daß da eine Stimme sei, die die Stille füllt.
Und vielleicht steigt aus Ihnen
eines solchen Tages wieder etwas auf wie ein Lied,
das von Dankbarkeit spricht und von Glück.

Es ist danach in Ihrem Leben sicher nicht alles,
wie es früher war.
Aber es ist auf eine neue Weise gut.

In Ephesus, in der alten Kirche des Johannes,
fand ich diesen Stein,
der wohl an die fünfzehnhundert Jahre
an dieser Stelle liegt, eingewachsen in Gras und Buschwerk.

Da ist ein Kreuz, ein Zeichen des Leids,
und ein Kreis darum herum,
der sagt, dieses Leid fülle die Welt.
Darüber und darunter, ja, auch darunter,
sind je eine Blume und eine Sonne.

Von allen Seiten ist das Kreuz eingefaßt
in zwei Sonnen, die Zeichen des Lichts,
und in zwei Blumen, die Zeichen eines schönen,
eines sinnvollen Lebens.
Und um dieses Kreuz und die vier Zeichen,
die es umgeben, ist ein fester Rahmen,
der sagt: Damit ist alles gedeutet,
was du als Rätsel empfindest
und worunter du leidest. Das ist das Ganze.

Und das ist dir zugesagt,
wenn du einst den Schritt aus dieser Welt tust,
hinüber in jene andere Dimension,
in der alles klar sein wird vor deinen Augen.

Vielleicht können Sie eines Tages so mitsprechen:
Gott, seltsamer, unbekannter Gott,
ich lasse dir meine Gedanken. Meine Fragen.
Gib du mir Gedanken, die von dir sind.

Ich lasse dir meine Pläne. Sie führen an kein Ziel.
Das Ziel weißt du allein.
Ich vertraue mich deinem Plan an.

Meine Sorgen lasse ich dir.
Du hast gesagt: Sorge dich nicht.
Ich lege mich mit all meinen Sorgen in deine Hand.

Die Furcht vor meinem eigenen Versagen lasse ich dir.
Ich muß für Sinn und Erfolg
meines Lebens nicht geradestehen.
Ich bitte dich nur um deinen Segen.

Alle ungelösten Fragen, alle Rätsel,
mit denen ich mich quäle, lasse ich dir.
Ich gebe es auf, gegen verschlossene Türen zu drücken.
Ich warte auf dich. Du wirst sie öffnen.

Ich lasse mich dir, Gott. Ich gehöre dir.
Du hast mich in deiner guten Hand.
Ich danke dir.

Und vor allem:
Nichts ist so endgültig, wie es scheinen mag.
Kein Weg ist so verbaut, wie er scheint.
Keine Situation ist so ausweglos.
Bei den Fragen, die uns in diesem Leben quälen,
braucht es nicht zu bleiben.
Die Zukunft ist offen. Und nichts ist verloren,
wenn wir hier auf dieser Erde
noch keine Antworten gefunden haben.

Es scheint mir heute deutlich zu sein –
nach allem, was wir über das Sterben wissen können:
Unser Weg geht weiter,
in eine Erlösung hinein, in eine Freiheit,
der wir den Namen »Auferstehung« geben.
Gibt es keine Auferstehung, dann sind wir,
wie Paulus einmal sagt, mit allem verloren,
auch mit unserem Glauben.

Wie »Auferstehung« aussieht,
brauche ich hier nicht zu beschreiben.
Ich bin aber überzeugt, daß wir eines Tages
uns auf einem neuen Weg befinden werden,
daß wir vor der Tür, durch die wir gehen werden,
unsere Fragen niederlegen dürfen
wie ein Gepäck, das uns abgenommen ist.

Eines Tages, beim Gebet um Frieden,
das wir vor einer Raketenstation abhielten,
sah ich dies:

In einer Rolle Stacheldraht steckten Blumen.
Junge Leute hatten sie hineingeflochten.
Blumen aus Papier.
Nun verwandelten sie die ganze Szene.
Sie bekam plötzlich mit Freundlichkeit zu tun
und mit Versöhnung.
Die dunkle Gefahr, die unserer Erde drohte,
schien durch einen Gedanken des Friedens abgewehrt.

Sie können, die Sie das lesen,
auch Ihre Vorwürfe gegen Gott überwinden
und in einen Frieden kommen,
der Ihnen die Hälfte Ihrer Last abnimmt.

»Ich gehe von euch, anderswohin«, sagt Jesus.
»Was ich euch zurücklasse, das ist Frieden.
Euer Herz erschrecke nicht und fürchte sich nicht.«

Ich wünsche Ihnen diesen Frieden von Herzen.

Umschlag: Waldtal auf der Schwäbischen Alb
Seite 2 Rose im Sand
Seite 5 Illustration aus dem Stuttgarter Psalter, Paris, um 800
Seite 7 Dorf in Frankreich
Seite 9 Nächtliche Aufnahme von Bagdad
Seite 11 Fjord in Alaska
Seite 13 Spiegelung einer Straße in Calgary
Seite 15 Rest aus dem Sechstagekrieg, Sinai
Seite 21 Schluchten im Grand Canyon, Colorado
Seite 25 Gebirgsschlucht in Arizona
Seite 29 Duccio da Buoninsegna, Heilung eines Blinden, Tafel aus der Maestá in Siena
Seite 31 Flüchtlingssiedlung im Jordantal nördlich Jericho
Seite 32 Es Sik, Schlucht, durch die man die Stadt Petra erreicht
Seite 35 Waldtal auf der Schwäbischen Alb
Seite 37 Bryce-Canyon, USA
Seite 40 Ephesus, Kirche des Heiligen Johannes
Seite 44 Mutlangen, Sommer 1984
Alle Bilder: Jörg Zink, Archiv Zink

Die Deutsche Bibliothek – CIP-Einheitsaufnahme
Zink, Jörg:
Vertrauen in der Dunkelheit / Jörg Zink
1. Auflage – Stuttgart: Kreuz-Verlag, 1993
(Kleine Geschenke)
ISBN 3 7831 1229 X
NE: HST

1. Auflage (1.–15. Tausend)

Alle Fotos: Jörg Zink
Gestaltung: Hans Hug
Reproduktionen: Gölz, Ludwigsburg
Satz: TypoSatz Bauer, Fellbach
Druck und Bindung: W. Röck, Weinsberg
ISBN 3 7831 1229 X

In der gleichen Ausstattung wie das Buch, das Sie in der Hand haben, sind **von Jörg Zink im Kreuz Verlag** erschienen:

Unterwegs zur Weisheit
Was auf einem Lebensweg an Erkenntnissen gesammelt werden kann, ist der Inhalt dieses Buches.

Ich werde gerne alt
Das Alter befreit von Zwängen und Verantwortungen und läßt Raum und Zeit für das, was das Leben mit Sinn erfüllt.

Mehr als drei Wünsche
Altersweisheit spricht aus den mit Humor gewürzten Texten, die zusammen mit den Fotos ein herzhaftes Geschenk bilden.

Am Ufer der Stille
Jörg Zink zeigt auf Fotos und in seinen Texten, in welche Tiefe und Weite das Lauschen auf die Stille führt.

Alles Lebendige singt von Gott
In den vielen kleinen Dingen der zauberhaften Natur ist die lebendige Gegenwart des Schöpfers zu erfahren.

Wenn der Abend kommt
Meditative Fotos und Texte laden ein zu Sammlung und Gelassenheit.

Vielfarbiger Dank
Jede Blume mit ihrer besonderen Farbe deutet auf eine menschliche Eigenschaft hin, die Anlaß gibt zum Danken.

Liebe ist ein Wort aus Licht
Ein Loblied auf die eheliche Liebe, das vom Sinn des gemeinsamen Wanderns erzählt.

Trauer hat heilende Kraft
Ein Besuch im Haus der Trauer, nicht um vorschnell zu trösten, sondern um durch Klage und Schmerz zu begleiten.

Dein Geburtstag sei ein Fest
Jörg Zink ermuntert dazu, den Geburtstag als einen Höhepunkt des Lebens zu feiern und zu bedenken.

Meine Gedanken sind bei dir
Ein besonders zartes Geschenk für alle Liebenden, die getrennt sind.

Wo das Glück entspringt
Ein Geschenk für alle, die nach Glück suchen und dazu beitragen möchten, andere glücklich zu machen.

Unter weitem Himmel
Alle Grenzen, die wir sehen, können sich uns öffnen, unsere Freiheit beginnt, wo wir über Grenzen hinausschauen.

Ich wünsche dir Genesung
Auch der Kranke verfügt über gesunde Kräfte. Einsicht in den Sinn der Erkrankung kann der Anfang der Heilung sein.

Grüße zur Heiligen Nacht
Die Geschichte von Betlehem ist das Gleichnis von der Geburt des Christus im Menschen, die erneuert und verwandelt.

Liebesbrief an eine Mutter
Ein Freund schreibt von der Weite und Freiheit, die der Frau auch dann zugedacht sind, wenn sie Mutter ist.

Was kommt nach dem Tod
Gibt es ein Danach und wie haben wir es uns vorzustellen?